FIGURE SKATING

PUZZLE BOOK

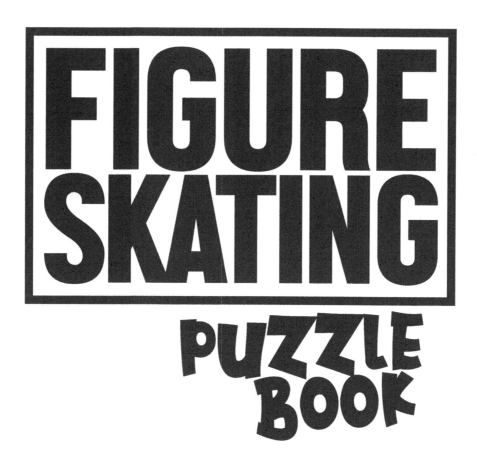

This book belongs to:

_____

Want free word searches from this book? Simply go to:

piggybackpress.com/figureskating-wordsearch

PIGGYBACK PRESS

WORD SEARCH

WORD SEARCH

2022 OLYMPICS - ICE DANCERS

```
X  N  P  N  Q  Q  S  G  G  S  K  C  E  I  D
U  E  B  R  V  O  T  ø  G  L  O  V  N  R  Z
E  U  N  T  O  S  T  Y  R  M  M  Y  W  E  R
I  R  U  A  W  U  A  E  E  E  V  B  T  V  R
O  X  S  S  I  P  L  V  L  U  N  U  O  I  E
J  S  I  C  S  D  I  X  O  O  R  S  J  Y  L
A  L  K  H  P  I  E  X  S  K  K  Z  E  A  L
L  C  A  L  R  W  V  B  é  A  X  V  N  ü
P  I  D  E  V  E  Y  I  A  L  N  Z  O  T  M
S  Z  A  R  D  L  L  R  F  R  Z  é  A  Y  M
E  E  P  O  S  A  Z  H  D  Q  A  P  C  K  D
L  R  A  V  U  N  U  F  C  U  X  G  M  A  N
L  O  P  á  K  F  E  A  R  S  A  P  F  A  L
I  N  O  P  O  I  R  I  E  R  A  E  R  J  G
G  R  R  L  A  G  H  A  T  P  E  T  B  O  H
```

BEAUDRY	LAGHA	TASCHLER
CIZERON	LAJOIE	TASCHLEROVá
DIECK	MüLLER	TURKKILA
FEAR	PAPADAKIS	
GARABEDIAN	POIRIER	
GILLES	PROULXSéNéCAL	
KAZAKOVA	REVIYA	
KOLETO	SøRENSEN	

WORD SEARCH

2022 OLYMPICS FIGURE SKATING WOMEN 1

```
V  P  Y  S  C  G  E  B  A  W  A  K  W  F  I
Z  O  R  G  W  B  E  V  K  I  A  A  P  W  W
S  T  V  A  L  I  E  V  A  N  V  S  H  C  L
H  W  S  A  K  A  M  O  T  O  H  L  H  I  T
C  X  A  Z  G  M  Z  F  S  A  M  F  U  D  C
H  U  P  W  D  B  X  U  B  K  P  M  R  Y  R
E  P  T  I  E  D  R  O  K  A  J  å  E  F  Y
R  D  Q  L  R  T  T  U  G  S  G  L  S  Z  O
B  Q  L  X  C  O  R  A  C  E  I  P  U  J  U
A  J  C  G  V  A  N  N  J  M  V  N  Q  G  N
K  U  L  A  K  I  E  L  N  U  D  G  D  B  G
O  J  V  O  N  H  A  T  O  E  T  L  S  O  J
V  S  V  I  P  T  H  N  R  L  H  Y  F  W  V
A  A  N  C  E  K  L  T  S  F  S  C  I  J  K
O  Z  C  W  J  O  F  V  Q  A  X  N  Y  L  I
```

BELL
CHEN
KAWABE
KURAKOVA
LIU
PAGANINI

SAKAMOTO
SHABOTOVA
SHCHERBAKOVA
TALJEGåRD
TRUSOVA
VALIEVA

YELIM
YOUNG
ZUNDERT

WORD SEARCH

2022 OLYMPICS FIGURE SKATING WOMEN 2

```
X Q X O S M G G Q N M H B K F
P U K G C P M M F C I R B E X
W Z C U H X H X K G E S S P J
N U I T O K L A U Z M K A Y S
S B R M T U Y C I I I E A R K
C C D A T Z H N K I I P R Y L
H N N N E I O U B G F Q I A W
I Q E N H V T U U M O J N B V
Z X H J á I S B O I D N E O Q
A F J K N C A I E C O O N V T
S Z N A X N B W M S J Z C A O
U C N D O S A F O N O V A R C
R S B V Z P G W H R C S Q C W
A B A V A X U C R A I N E U B
Y L S O M H Z C U A T G Y M C
```

BREZINOVá
CRAINE
GUBANOVA
GUTMANN
HENDRICKX
HIGUCHI

KIIBUS
MCKAY
MIKUTINA
RYABOVA
SAARINEN
SAFONOVA

SCHIZAS
SCHOTT

WORD SEARCH

2022 Olympics Puzzle #4

2022 OLYMPIC US TEAM

```
P A C E B K D X M I J R L Q D
Q D B X N R N O L P Z Z T P D
N A M E D R O I W I B H T B S
T Q H V E K N W E O K K O F E
S C L R C U R D N R R B R U T
D P I O E L H T A H I A V M A
M Q H R I W O O R G Z M R D B
H C L O D Z R V N I D J C O F
A B D P L L E P E O T H J U T
W E B S E E C R N E D U S H H
A L P D C A I N G R I B B L E
Y L U S N O A C V E P B C P H
E C Y X H J Q X Q K G E G F X
K H M N E H C O B A X L R L G
F K B B L I U P J B C L K R P
```

BAKER	CHEN	KNIERIM
BATES	CHOCK	LEDUC
BELL	DONOHUE	LIU
BROWN	FRAZIER	ZHOU
CAINGRIBBLE	HAWAYEK	
CHEN	HUBBELL	

WORD SEARCH

2022 OLYMPICS FIGURE SKATING MEN 1

```
T X B S H M U R A T K O V R Q
T C V A L C I T L C F X A E T
H O Y T U Z H O U E G H S Z W
L L Q B D F P F Z W K U I Q R
N U N M V V E W E V C F L K C
W R S I H Y E O N G B O J B Z
O I K O N D R A T I U K E F C
R H A X A L V V J L X R V T G
B L F E I R U X E U L V S X A
D K A G I Y A M A L N G I A M
V G P X I V M V T O A H F E Q
U C H E N V D K P Y R Z W T B
K H O L L I R R A C U P O A S
N E I G H C S T I R B N G M N
F U W N D T M K T J Z K O Z I
```

BRITSCHGI   KONDRATIUK   ZHOU
BROWN   MOZALEV
CARRILLO   SHMURATKO
CHEN   SIHYEONG
JUNHWAN   UNO
KAGIYAMA   VASILJEVS

WORD SEARCH

2022 OLYMPICS FIGURE SKATING MEN 2

```
W  K  Q  R  K  Q  V  C  J  C  Q  T  D  C  A
L  E  K  F  V  R  X  S  E  L  E  V  K  O  G
F  R  W  E  I  S  H  X  V  S  I  A  O  Q  W
D  R  B  N  T  Q  E  E  O  P  R  N  I  R  R
W  Y  Z  T  E  B  A  K  K  N  Q  H  L  Z  Q
L  B  Y  Z  L  L  K  F  U  O  W  A  I  T  J
T  L  G  G  A  S  C  Z  Y  Q  S  N  T  F  Q
A  E  N  A  S  S  J  P  L  L  A  Y  V  X  B
W  Z  I  Y  H  A  J  B  I  O  D  U  I  B  R
V  Q  S  M  V  R  V  K  M  Z  O  E  N  O  E
T  V  S  O  I  G  M  S  V  Z  V  A  T  Y  Z
P  X  E  Z  L  G  K  I  O  I  S  H  S  A  I
C  K  M  M  I  G  Q  C  L  R  K  I  E  N  N
Q  B  Y  C  H  E  N  K  O  T  Y  W  V  G  A
L  T  J  S  Y  N  K  A  Y  F  V  A  S  G  T
```

AYMOZ	HANYU	RIZZO
BOYANG	KERRY	SADOVSKY
BREZINA	KVITELASHVILI	SELEVKO
BYCHENKO	LITVINTSEV	SIAO
FENTZ	MESSING	
GRASSL	MILYUKOV	

WORD SEARCH

Puzzle #1

OLYMPIC WINTER GAMES

```
R  X  U  W  F  P  G  S  M  B  Q  M  H  X  O
Y  A  N  G  I  P  M  U  J  I  K  S  D  L  M
N  N  K  G  G  G  M  A  L  B  J  C  R  H  R
C  G  D  N  U  I  M  G  U  O  Q  R  S  S  O
G  E  N  I  R  U  L  Z  G  B  S  O  J  P  H
T  N  K  D  E  Q  O  A  E  S  H  S  V  E  V
G  P  Z  R  S  F  C  B  T  L  O  S  E  E  N
A  S  Z  A  K  R  U  J  N  E  C  C  F  D  C
S  O  F  O  A  E  R  R  O  I  K  O  G  S  I
X  E  I  B  T  E  L  M  L  G  E  U  N  K  D
P  R  V  W  I  S  I  C  H  H  Y  N  I  A  R
W  W  G  O  N  T  N  C  T  I  B  T  I  T  O
P  G  G  N  G  Y  G  X  A  D  F  R  K  I  N
I  S  M  S  E  L  I  Y  I  T  R  Y  S  N  M
Z  O  U  P  S  E  W  Q  B  A  X  N  K  G  U
```

BIATHLON   FREESTYLE   SKIJUMP
BOBSLEIGH   HOCKEY   SNOWBOARDING
CROSSCOUNTRY   LUGE   SPEEDSKATING
CURLING   NORDIC
FIGURESKATING   SKIING

WORD SEARCH

Puzzle #2

GOLD MEDALISTS WOMENS SINGLES

```
X  T  M  U  Y  C  L  A  M  A  S  D  K  E  A
Z  S  E  I  F  H  G  E  R  S  C  H  U  B  A
A  Y  S  K  M  C  U  T  K  W  T  T  I  W  U
G  H  S  Y  M  P  S  G  L  M  F  J  I  Z  T
I  X  C  B  E  K  P  U  H  L  I  P  L  D  A
T  S  A  S  J  R  I  A  I  E  T  K  Y  N  F
O  S  N  I  Z  A  S  P  K  H  S  Y  N  L  A
V  I  D  L  B  T  I  Q  G  W  A  S  E  L  R
A  E  C  M  J  N  O  I  O  M  C  M  X  N  A
Y  H  N  B  S  O  R  P  A  O  I  U  I  T  K
U  M  Y  K  B  B  Z  G  T  N  V  L  J  W  A
I  I  I  A  L  H  U  T  G  U  U  R  G  V  W
X  K  Z  A  T  C  K  H  S  J  C  G  G  K  A
Z  S  G  E  H  L  L  I  M  A  H  Z  T  J  J
U  G  T  I  C  F  G  G  E  W  T  L  A  L  K
```

ALBRIGHT	HEISS	SZABO
ALTWEGG	HUGHES	WITT
ANNSCOTT	JULIN	YAMAGUCHI
ARAKAWA	KIM	ZAGITOVA
BAIUL	LIPINSKI	
DIJKSTRA	POTZSCH	
FLEMING	SCHUBA	
HAMILL	SYERS	

6

WORD SEARCH

Puzzle #3

FAMOUS US SKATERS-MEN

```
K  S  H  K  Z  D  O  F  Q  D  Y  J  O  K  S
W  C  H  E  N  O  R  A  A  M  I  N  E  R  N
U  V  L  H  A  M  I  L  T  O  N  C  T  H  A
J  I  C  D  A  V  I  S  F  L  A  O  I  A  M
Q  K  O  K  R  A  A  G  K  S  W  B  E  B  W
S  W  H  I  T  E  K  B  Y  O  B  B  G  B  O
A  G  E  H  Y  W  C  L  O  Q  U  T  D  O  B
V  W  A  W  Y  X  I  D  I  M  T  I  E  T  Z
O  S  V  L  X  M  B  H  I  I  T  C  R  T  H
I  N  I  B  I  K  U  Q  W  T  O  K  D  O  O
E  E  F  Y  N  N  K  K  O  C  N  N  L  D  U
T  F  C  I  O  B  D  S  I  H  O  E  E  D  Q
D  H  O  R  I  P  P  O  N  E  V  R  S  S  O
Y  O  N  A  T  I  O  B  D  L  X  M  R  O  Z
H  L  A  C  F  S  N  S  O  L  D  R  Q  B  R
```

AARON	HAMILTON	TICKNER
BOITANO	KUBICKA	WEIR
BOWMAN	LYSACEK	WHITE
BUTTON	MINER	WOOD
CHEN	MITCHELL	ZHOU
DAVIS	MROZ	
ELDREDGE	RIPPON	
GALINDO	SAVOIE	

1

Puzzle #4

GOLD MEDALISTS-MENS SINGLES

```
X  Y  E  Z  V  P  N  F  S  P  T  F  P  K  J
A  Y  A  V  D  F  U  J  C  D  D  E  C  X  L
Q  K  Q  G  K  G  M  V  H  E  T  Q  S  E  H
X  X  I  Y  U  F  M  X  N  R  Q  G  N  W  G
C  Z  R  L  W  D  L  T  E  Y  C  S  E  H  B
Z  H  R  H  U  K  I  N  L  A  T  K  P  B  M
Y  A  W  A  E  K  K  N  L  U  I  I  E  P  O
G  M  C  N  W  O  J  N  D  W  N  A  L  S  R
K  I  V  Y  W  H  L  O  O  V  V  U  A  C  T
E  L  K  U  T  B  C  H  R  T  S  W  U  H  S
C  T  D  Y  O  U  C  S  F  H  T  R  X  A  F
A  O  I  Q  L  L  L  F  E  X  R  U  R  F  A
S  N  C  N  A  T  X  N  R  Y  O  Y  B  E  R
Y  I  K  S  Z  O  K  D  C  Y  V  T  Z  R  G
L  K  V  X  R  O  R  R  A  B  O  L  Q  P  G
```

BUTTON	NEPELA	YAGUDIN
CURRY	PETRENKO	
GRAFSTROM	PLUSHENKO	
HAMILTON	SALCHOW	
HANYU	SCHAFER	
KULIK	SCHNELLDORFER	
LYSACEK	SCHWARZ	

OLYMPIC WINTER GAMES LOCATIONS

```
V Z C B A Y K D N P B A O X X
D T J Y E A L O A I Q L V T Y
N U R A L I E D P D G B N C R
U R E W A H J G A G E E I R A
W I M R K V U I J P R R N E G
G N M O E T S I N H M T N V L
R R A N P S A Y M G A V S U A
E U H A L Y T J A L N I B O C
N S E P A S P M E R Y L R C H
O S L D C C A C O I S L U N G
B I L D I O N P X R O E C A G
L A I S D A P R P I I F K V F
E T L K R S B V O O C T E J Y
R R P F F R U L J B R B Z Y N
I I H C O S N C H A M O N I X
```

ALBERTVILLE	JAPAN	TURIN
BEIJING	LAKEPLACID	USA
CALGARY	LILLEHAMMER	VANCOUVER
CHAMONIX	NORWAY	
FRANCE	RUSSIA	
GERMANY	SAPPORO	
GRENOBLE	SOCHI	
INNSBRUCK	STMORITZ	

WORD SEARCH

FIGURE SKATING GREATS

```
D Y H X M S C H Ä F E R N S S
L R M O R T S F A R G R I H W
M R W R H Y K P M B Y H M A I
G U I O I P U F O T C A T M T
W C M N H Z L I R U G O H I T
P P S E Y C T U G K N Y V L R
S G H O D A L A S O W T G T O
D N A H N V M A T H U A Z O D
R A M O A A E T S T E R N N N
G H I C Y N U D S E R N X E I
U C L L L B Y R E S I S K V N
K T L L F Q D U U V I N X O A
S B R O W N I N G Z A E E X S
O K D M F L E M I N G M H H E
H V I T E O K N E H C V A S M
```

BOITANO	HAMILTON	SALCHOW
BROWNING	HANYU	SAVCHENKO
BUTTON	HEISS	SCHÄFER
CHAN	HENIE	WITT
CURRY	KWAN	YAMAGUCHI
FLEMING	MEDVEDEVA	
GRAFSTROM	PLUSHENKO	
HAMILL	RODNINA	

FIGURE SKATING TERMS

```
U Q L H Z S Q K Y A W U Q F D
N I U Y Q T E V W W R N O M U
I N N A W F U L J U I D O W K
K I G J D H N L Z P V U S C A
F P E D O R C I S Z T C U C X
S S W H E H U G P S I D D S E
W D D O J A N P I S E W R V L
C R D M H I T D L H L E T N U
H A X M Y C E H T E V E I T T
Y W Z L O E L T S O J P M O E
G R F J D H O A S P S U E A O
Q O M G P O A S S K I L M T C
C F E S H P O W C T O R O P X
R R F S T R L A K O V R A C C
A C S M C U B G P W F Q T L G
```

AXEL
BACKSPIN
CAMELSPIN
CROSSOVERS
DEATHSPIRAL
FLYINGSPIN
FORWARDSPIN
LUNGE

LUTZ
MOHAWK
OUTSIDEEDGE
QUADRUPLEJUMP
SALCHOW
SHOOTTHEDUCK
TOELOOP
TWIZZLES

Puzzle #8

HOCKEY RINK TERMS

```
A  Q  F  A  C  E  O  F  F  W  G  F  H  A  C
S  L  B  G  P  K  T  K  F  M  J  R  H  Q  R
D  C  G  N  K  E  N  R  I  V  F  C  K  E  E
R  K  O  E  E  M  N  N  J  A  I  W  N  N  N
A  R  A  U  W  V  V  A  C  C  G  K  N  O  R
O  E  L  T  N  V  I  E  L  O  E  N  Q  Z  O
B  D  C  R  P  Z  O  S  A  T  K  N  M  H  C
X  L  R  A  C  F  O  L  N  E  Y  R  T  Z  Z
V  I  E  L  F  I  L  X  N  E  E  B  D  E  U
J  N  A  U  X  I  R  I  N  H  F  E  O  C  R
P  E  S  H  N  L  L  C  Z  Y  F  F  J  X  M
C  J  E  E  A  E  K  I  L  E  O  M  O  J  H
Z  Z  H  U  U  I  Y  V  N  E  Z  E  B  P  Y
C  J  D  L  F  T  U  S  S  Z  S  P  X  F  X
G  O  B  P  P  M  E  D  X  O  H  F  R  K  O
```

BLUELINE	FACEOFF	ZONE
BOARDS	GOALCREASE	
CENTER	GOALLINE	
CIRCLES	NEUTRAL	
CORNER	OFFENSIVE	
DEFENSE	PENALTYBOX	
FACEOFF	REDLINE	

FIGURE SKATING TERMS

```
P  V  R  O  X  K  P  B  J  Y  E  N  I  P  E
C  C  P  M  L  B  Z  Y  F  D  W  N  Z  X  K
R  T  T  K  Y  Z  T  T  G  O  V  Z  W  I  A
O  A  P  C  T  C  O  E  H  D  S  A  S  H  C
U  L  P  A  Y  M  S  C  D  P  L  G  W  S  N
C  F  C  B  I  W  L  R  I  T  V  N  J  P  A
H  X  P  Y  D  A  D  R  Z  I  C  W  H  E  P
F  F  C  A  S  K  A  T  M  U  D  U  B  K  M
S  J  H  L  H  L  D  K  O  B  F  B  H  Z  A
B  N  G  Y  S  P  L  I  T  E  E  W  X  L  R
B  S  P  R  E  A  D  E  A  G  L  E  E  P  G
O  V  D  F  D  J  N  N  I  P  S  O  I  M  O
H  E  K  O  R  T  S  L  P  R  I  V  O  D  R
Q  I  N  P  S  V  A  J  U  K  O  B  M  P  P
M  F  D  A  N  C  E  I  W  T  Q  Z  Q  S  C
```

CROUCH
DANCE
EDGES
FLAT
LAYBACK
PANCAKE

PIVOT
PROGRAM
SALCHOW
SPIN
SPIRAL
SPLIT

SPREADEAGLE
STROKE
TOELOOP
WALTZ

FIGURE SKATING TERMS

```
O  M  M  R  K  P  K  P  I  G  P  B  N  T  V
Y  O  F  D  S  O  D  M  A  U  M  K  I  P  C
U  M  M  N  E  H  R  U  Y  H  U  S  P  P  A
N  L  Z  I  P  Y  Z  J  Q  B  J  I  S  E  N
A  D  F  P  C  N  A  E  J  F  Z  N  G  A  N
S  E  E  S  A  N  T  L  B  L  T  A  N  R  A
P  A  G  D  M  U  T  P  A  I  L  B  I  L  M
I  T  N  R  E  B  I  U  C  P  A  A  Y  S  L
N  H  U  A  L  H  T  R  K  J  W  U  L  P  L
T  S  L  W  S  V  U  D  S  U  J  E  F  I  E
G  P  W  R  P  L  D  A  P  M  N  R  O  N  I
H  I  J  O  I  A  E  U  I  P  Q  B  G  P  B
O  R  J  F  N  I  R  Q  N  I  I  Z  T  U  L
G  A  K  C  A  B  Y  A  L  E  V  O  U  P  T
P  L  W  V  O  U  T  S  I  D  E  E  D  G  E
```

ATTITUDE	FORWARDSPIN	WALTZJUMP
BACKSPIN	INABAUER	YUNASPIN
BIELLMANN	LAYBACK	
BUNNYHOP	LUNGE	
CAMELSPIN	LUTZ	
DEATHSPIRAL	OUTSIDEEDGE	
FLIPJUMP	PEARLSPIN	
FLYINGSPIN	QUADRUPLEJUMP	

Puzzle #11

FIGURE SKATING GEAR

```
K  H  T  M  B  K  K  L  E  X  G  G  D  X  U
N  M  K  L  G  C  J  A  K  I  U  L  V  D  Y
E  C  H  F  Y  F  C  C  O  B  A  P  I  N  V
R  X  T  O  W  E  L  E  O  A  R  B  A  T  B
W  T  F  K  Q  C  L  S  B  G  D  X  X  D  G
Q  B  S  K  C  A  N  S  E  U  S  S  I  T  S
W  O  S  J  G  Z  Y  X  T  D  Y  K  A  Q  O
M  O  G  G  X  H  B  E  O  M  R  F  C  E  M
S  T  S  W  A  P  M  H  N  Z  U  L  U  O  V
R  C  Z  W  A  T  E  R  B  O  T  T  L  E  S
E  O  R  J  R  L  D  Z  E  X  U  S  Q  K  H
K  V  O  Z  M  E  D  R  M  L  A  L  A  A  N
A  E  I  E  X  N  W  J  U  I  G  T  F  P  F
O  R  T  Y  S  O  G  L  O  V  E  S  G  G  H
S  S  L  J  W  N  N  C  I  S  U  M  Y  L  O
```

BAG	PADS	WATERBOTTLE
BOOTCOVERS	SKATES	
GLOVES	SNACKS	
HELMET	SOAKERS	
LACES	SOCKS	
MUSIC	TISSUES	
NOTEBOOK	TOWEL	

ANATOMY OF THE FIGURE SKATE

```
G  P  G  B  L  A  D  E  N  W  G  N  Q  F  H
W  S  G  G  R  T  M  X  G  O  J  B  R  U  H
J  C  L  A  R  R  U  L  L  N  A  L  B  L  R
G  J  E  B  S  Q  Y  A  Q  C  I  X  J  P  A
H  E  X  Z  B  T  C  W  K  M  S  N  E  A  S
A  T  P  E  S  E  A  S  N  O  T  K  I  L  Z
L  E  T  E  Z  R  T  N  S  J  B  O  Z  L  A
F  E  L  O  S  A  O  Y  C  W  L  Q  O  H  V
A  P  T  N  Y  I  T  C  N  H  I  E  O  B  K
K  X  Z  O  V  S  H  Q  K  S  I  O  E  C  O
Y  C  Z  H  N  R  O  A  T  E  K  O  I  H  J
D  I  B  L  I  G  Y  V  P  I  R  P  N  T  F
P  E  D  G  E  L  U  A  M  D  E  W  J  L  L
B  Z  H  L  E  F  T  E  A  O  X  C  B  U  G
N  T  B  T  W  H  C  D  T  T  E  L  E  Y  E
```

BACKSTAY	HOOK	SOLE
BLADE	LACE	STANCHION
BOOT	LEFT	TOEPICK
EDGE	LINING	TONGUE
EYELET	RIGHT	
HEEL	ROCKER	

Puzzle #13

FAMOUS US WOMEN SKATERS

```
X  W  Y  L  I  E  K  I  W  H  T  I  E  B  E
A  I  V  P  F  Z  F  L  E  M  I  N  G  L  V
U  H  A  R  D  I  N  G  X  N  E  H  O  C  L
W  R  E  N  S  S  I  E  M  L  I  M  J  I  Y
S  Z  D  A  F  H  U  G  H  E  S  M  W  W  N
G  I  H  C  U  G  A  M  A  Y  E  C  A  J  N
V  S  U  M  N  E  R  S  T  I  H  K  G  H  V
Q  S  X  Y  X  L  F  H  C  E  E  T  N  A  E
R  S  G  N  Z  S  I  H  N  R  H  K  E  M  X
J  I  N  S  C  T  I  P  R  G  A  W  R  I  F
V  E  A  N  K  N  G  I  I  Y  X  A  B  L  L
Y  H  H  I  L  G  G  R  N  N  P  N  A  L  X
E  U  Z  Z  L  A  B  O  U  M  S  T  O  F  N
U  U  E  C  N  L  L  I  O  S  T  K  J  S  T
N  C  U  P  A  T  E  N  N  E  L  L  I  A  V
```

ALBRIGHT	HARDING	TENNELL
CHEN	HEISS	WAGNER
CHIN	HUGHES	WYLIE
COHEN	KERRIGAN	YAMAGUCHI
CZINSNY	KWAN	ZHANG
FLATT	LIPINSKI	
FLEMING	MEISSNER	
HAMILL	SUMNERS	

FIGURE SKATING TERMS

```
W  O  C  R  N  H  N  F  D  W  Y  S  P  I  N
S  J  A  O  L  J  E  D  U  T  I  T  T  A  X
W  Y  M  D  E  A  T  H  S  P  I  R  A  L  C
I  C  E  S  R  E  V  O  S  S  O  R  C  N  S
Z  F  L  C  H  A  S  S  E  V  E  A  Y  I  B
Z  R  S  J  T  W  I  Z  Z  L  E  S  U  P  X
L  E  P  B  N  W  G  F  G  V  R  P  N  S  Z
E  E  I  K  I  B  A  E  D  E  N  R  A  L  W
S  S  N  W  V  E  N  L  V  W  D  Q  S  E  O
Y  T  X  A  G  D  L  O  T  M  V  J  P  M  H
C  Y  A  H  U  E  S  L  G  Z  O  U  I  A  C
E  L  X  O  A  S  C  Q  M  N  J  H  N  C  L
I  E  E  M  O  Q  Z  P  K  A  B  U  A  K  A
A  G  L  R  T  E  W  M  G  X  N  X  M  W  S
D  Z  C  C  M  P  J  L  B  S  E  N  Q  P  K
```

ATTITUDE
BIELLMANN
CAMELSPIN
CAMELSPIN
CHASSE
CROSSOVER
CROSSOVERS
DEATHSPIRAL

FREESTYLE
MOHAWK
MOHAWK
SALCHOW
SWIZZLES
TWIZZLES
WALTZJUMP
YSPIN

YUNASPIN

Puzzle #15

FIGURE SKATING JUMPS

```
X  K  R  U  U  E  S  A  L  C  H  O  W  X  R
Z  S  H  R  E  L  P  U  R  D  A  U  Q  E  E
T  X  R  L  A  K  O  O  W  W  S  J  L  P  R
U  A  D  A  X  H  B  F  H  G  W  G  F  P  A
L  X  X  N  L  G  X  H  K  Y  N  N  O  M  V
S  E  Y  O  I  T  X  M  O  I  N  O  P  A  E
B  L  R  I  B  D  J  K  S  E  L  N  H  X  K
A  T  Z  T  F  U  P  F  N  E  U  N  U  M  C
C  T  T  A  A  P  T  E  O  D  W  C  I  B  X
K  I  L  T  F  I  F  T  E  N  X  K  F  J  E
F  L  A  O  R  L  L  W  E  H  L  Y  A  L  K
L  P  W  R  O  F  X  N  A  R  S  D  B  B  Q
I  S  F  W  A  L  L  E  Y  Q  F  U  P  Z  I
P  E  L  P  I  R  T  E  F  I  O  L  R  V  K
F  Q  R  Y  J  U  W  K  L  D  Q  H  Y  J  M
```

AXEL
BACKFLIP
BUNNYHOP
BUTTERFLY
DOUBLE
FLIP

LUTZ
QUADRUPLE
ROTATIONAL
SALCHOW
SHEEP
SINGLE

SPLIT
TOELOOP
TRIPLE
WALLEY
WALTZ

FIGURE SKATING HISTORIC FIGURES

```
I  W  Z  J  X  P  T  G  H  B  W  A  D  A  A
B  K  A  D  T  T  F  A  U  Q  B  P  S  X  S
R  G  N  H  I  T  M  A  Q  J  P  M  E  S  Z
U  H  R  W  J  I  A  E  M  N  F  L  A  A  A
C  I  J  A  L  D  R  X  B  S  G  Y  X  L  B
L  B  Q  T  F  Z  H  U  A  J  X  Q  T  C  O
T  U  O  A  G  S  T  A  U  L  A  U  F  H  I
H  N  H  Z  H  T  T  L  M  L  J  L  H  O  T
E  D  M  A  O  E  I  R  B  I  E  D  E  W  O
I  W  S  N  I  N  N  R  O  M  L  U  V  L  D
S  C  J  R  I  N  I  I  I  M  P  L  P  E  N
S  N  N  S  E  G  E  N  E  N  X  A  Q  M  E
N  L  Y  O  H  Y  G  S  B  C  P  I  N  T  T
L  S  Q  T  T  W  S  E  F  P  T  W  I  I  G
B  H  A  D  G  P  M  U  T  C  G  L  B  Z  N
```

ALBRIGHT	HAMILL	SALCHOW
AXEL	HAMILTON	SYERS
BUTTON	HEISS	SZABO
FLEMING	HENIE	WITT
GRAFSTROM	JULIN	
HAINES	PANIN	

WORD SEARCH

TOP OLYMPIC COUNTRIES IN FIGURE SKATING

```
N  E  U  M  S  N  N  M  L  C  J  B  G  U  N
J  J  C  L  J  I  U  F  A  U  E  R  N  E  S
A  Z  M  P  A  I  A  N  G  H  E  I  A  D  A
P  V  C  U  G  I  A  M  O  A  T  S  N  Y  U
A  Y  B  L  L  D  L  S  T  E  T  A  L  B  S
N  U  E  N  A  A  W  B  D  G  L  D  L  Y  T
F  B  B  W  N  E  R  S  E  R  Q  A  N  J  R
H  H  E  I  D  I  T  R  E  N  S  A  S  B  I
B  X  H  E  T  A  M  H  Y  T  M  Z  D  I  A
Y  C  N  A  T  A  T  A  Y  R  S  R  N  T  E
U  Y  I  E  N  E  W  E  E  O  V  S  A  L  C
U  N  S  Y  N  R  K  G  Y  W  T  X  L  S  N
J  M  F  Z  O  S  T  I  W  Q  Z  Y  N  Z  A
Y  R  W  N  T  Z  R  U  S  S  I  A  I  V  R
F  V  Y  U  R  C  J  H  H  D  G  F  F  T  F
```

AUSTRIA	FRANCE	RUSSIA
BELGIUM	GERMANY	SWEDEN
CANADA	GREATBRITAIN	UNITEDSTATES
CHINA	JAPAN	
EASTGERMANY	NETHERLANDS	
FINLAND	NORWAY	

FIGURE SKATING TERMS

```
F  C  L  C  P  V  K  X  Y  F  T  Z  Y  H  T
U  A  A  E  P  O  H  X  L  P  E  E  B  D  W
A  T  P  P  X  Q  H  E  K  W  A  H  O  M  I
D  T  L  U  T  E  X  Y  C  U  H  C  C  S  Z
A  I  I  A  V  A  L  T  N  I  P  A  R  E  Z
Q  T  F  Q  R  U  Z  Y  C  N  M  F  X  L  L
E  U  S  A  E  I  B  Q  T  E  U  Y  K  Z  E
G  D  P  A  N  S  P  I  L  S  R  B  W  Z  S
N  E  I  M  L  Q  S  S  E  X  E  A  A  I  Z
U  M  R  I  G  C  P  A  H  L  F  E  R  W  W
L  F  A  B  S  I  H  F  H  T  L  L  R  S  D
G  F  L  W  N  B  Z  O  C  C  A  M  U  F  L
P  K  P  J  O  W  X  T  W  W  R  E  A  T  T
L  U  B  C  R  O  S  S  O  V  E  R  D  N  Z
U  Z  V  S  X  Z  R  L  J  G  N  J  Y  C  N
```

ATTITUDE
AXEL
BIELLMANN
BUNNYHOP
CAMELSPIN
CHASSE
CROSSOVER

DEATHSPIRAL
FLUTZ
FREESTYLE
LUNGE
MOHAWK
SALCHOW
SPIRAL

SWIZZLES
TWIZZLES

FAMOUS US FIGURE SKATERS

```
J  Y  H  P  L  E  T  I  K  S  N  I  P  I  L
G  N  I  S  G  F  L  A  T  T  E  O  A  U  E
S  S  T  Z  E  U  Y  Z  J  Y  D  O  L  M  N
J  N  E  E  Z  K  R  I  A  N  N  D  B  E  L
X  I  G  N  N  L  W  M  D  A  U  H  R  I  Y
T  Z  I  O  Y  N  A  A  E  G  H  A  I  S  Z
A  C  G  N  L  G  E  I  N  I  J  M  G  S  H
V  O  N  O  U  D  W  L  C  R  V  I  H  N  A
F  P  L  C  U  A  C  H  L  R  M  L  T  E  N
L  V  H  Y  G  S  A  B  N  E  O  T  M  R  G
E  I  S  N  N  R  A  E  J  K  M  O  L  N  H
M  C  E  C  D  N  H  G  C  V  U  N  Z  H  E
I  R  H  I  H  O  R  X  A  K  L  Z  Z  G  I
N  J  N  I  C  E  S  U  M  N  E  R  S  I  S
G  G  V  D  N  N  N  Z  F  E  I  L  Y  W  S
```

ALBRIGHT	HAMILTON	MEISSNER
CHEN	HARDING	NAGASU
CHIN	HEISS	SUMNERS
COHEN	KERRIGAN	TENNELL
CZINSNY	KWAN	WAGNER
FLATT	LIPINSKI	WYLIE
FLEMING	LYNN	YAMAGUCHI
GOLD	LYNN	ZHANG

WORD SEARCH

Puzzle #20

FIGURE SKATE BRANDS

```
D  I  R  D  B  K  B  T  P  T  L  O  S  L  L
G  X  W  L  P  H  A  R  L  I  C  K  S  A  G
M  H  S  O  Q  F  A  R  G  G  G  M  V  S  X
P  H  P  R  R  X  W  G  I  A  Y  E  M  E  S
D  L  T  I  F  F  A  P  M  K  R  I  J  D  C
Z  X  E  E  K  J  I  K  T  S  B  C  P  A  O
C  W  R  D  E  O  L  A  J  F  C  P  T  L  F
E  T  I  E  G  H  K  E  A  J  H  A  R  B  F
N  V  V  L  A  N  J  D  G  C  G  R  O  K  P
X  Z  I  L  C  W  A  E  B  O  S  A  P  M  G
G  Y  Q  P  R  I  C  A  B  X  I  M  S  X  Z
N  Q  R  A  J  L  K  L  S  I  Z  O  I  U  G
L  F  F  J  R  S  S  R  S  K  G  U  R  R  W
R  C  O  T  J  O  O  L  X  F  G  N  F  J  O
R  Y  R  M  X  N  N  L  H  A  F  T  X  F  L
```

EDEA	JACKSON	RIEDELL
GAM	JOHNWILSON	RISPORT
GRAF	MKBLADES	SPTERI
HARLICK	PARAMOUNT	

24

WORD MATCH

WORD MATCH

Puzzle #1
US MEN SKATERS

Adam	Brown
Todd	Zhou
Nathan	Aaron
Jason	Miner
Charlie	Galindo
Paul	Chen
Rudy	Tickner
Brandon	Eldredge
Charlie	White
Ross	Rippon
Max	Wylie
Vincent	Mroz

Puzzle #2
US MEN SKATERS

Brian	Boitano
Dick	Lysacek
Paul	Weir
Evan	Wood
Jeremy	Wylie
Christopher	Hamilton
Tim	Bowman
Scott	Kubicka
Terry	Mitchell
Johnny	Button
Mark	Abbott
Jeremy	Abbott

Puzzle #3
COUNTRY MATCH

Nancy Kerrigan	Swiss
John Kerr	Scotland
Sarah Meier	Finland
Brian Boitano	Japan
Kaetlyn Osmond	Japan
Gracie Gold	Canada
Yulia Lipnitskaya	USA
Haruko Okamoto	Canada
Paul Poirier	USA
Benjamin Agosto	USA
Chris Reed	USA
Laura Lepisto	Russia

Puzzle #4
FIGURE SKATING GREATS

Carol	Yamaguchi
Sonja	Kwan
Michelle	Heiss
Evgenia	Schäfer
Evgeni	Plushenko
Irina	Rodnina
Ulrich	Henie
Aljona	Salchow
Karl	Medvedeva
Katarina	Witt
Kristi	Savchenko

Puzzle #5
COUNTRY MATCH

Brian Pockar   USA

Scott Hamilton   Norway

Toller Cranstom   Australia

Michelle Kwan   Canada

Peggy Fleming   USA

Lynn Holly Johnson   Canada

Valentina Marchei   USA

Kevin Macedo Alves   USA

Mark Webster   USA

Sonja Henie   Italy

Sarah Hughes   Brazil

Vera Ralston   Czech

Puzzle #6
US MEN SKATERS

Matthew   Cockerell

Scott   Davis

Mark   Brown

Joshua   Savoie

David   Weir

Scott   Hamilton

Brian   Wylie

Jason   Farris

Charlie   Kubicka

Paul   White

Terry   Santee

Johnny   Boitano

Puzzle #7
FAMOUS FIGURE SKATING PAIRS

Madge Syers	Edgar Syers
Barbara Wagner	Zhao Hongbo
Ludmila Belousiova	Randy Gardner
Irina Rodnina	Oleg Protopopov
Tai Babilonia	David Pelletier
Kitty Carruthers	Alexei Ulanov
Ekaterina Gordeeva	Sergei Grinkov
Jamie Salé	Peter Carruthers
Shen Xue	Robert Paul
Aliona Savchenko	Robin Szolkowy

Puzzle #8
US WOMEN SKATERS

Peggy	Shin
Nancy	Andrews
Dorothy	Hamill
Tonya	Fleming
Sarah	Kerrigan
Sasha	Thomas
Starr	Heiss
Maia	Hughes
Debi	Harding
Carol	Shibutani
Audrey	Cohen
Tenley	Albright

Puzzle #9
WINTER OLYMPIC GAMES LOCATIONS

1984	Garmisch-Partenkirchen, Germany
1988	Vancouver, California
1992	Nagano, Japan
2002	Chamonix, France
2006	Sarajevo, Yugoslavia
1936	Calgary, Canada
1960	Oslo, Norway
1952	Sapporo, Japan
1972	Turin, Italy
1924	Squaw Valley, USA
2002	Albertville, France
2010	Salt Lake City, USA

Puzzle #10
MATCH THE MEDAL WITH THE SKATE

Dick Button	Gold
Dorothy Hamill	Bronze
Nancy Kerrigan	Bronze
Michell Kwan	Gold
Debi Thomas	Gold
Chen Lu	Gold
Sasha Cohen	Bronze
Carol Heiss	Silver
Timothy Goebel	Silver
Elvis Stojko	Silver
LLia Kulik	Silver
Yuzuru Hanyu	Gold

Puzzle #11
US WOMEN SKATERS

Polina	Denney
Meryl	Hicks
Kimmie	Chin
Janet	Lynn
Tarah	Kayne
Theresa	Vinson
Tiffany	Davis
Maribel	Edmunds
Linda	Fratianne
Haven	Weld
Courtney	Meissner

Puzzle #12
WINTER OLYMPIC GAMES LOCATIONS

1928	Grenoble France
1998	Innsbruck, Austria
2014	Lake Placid, USA
1980	Sochi, Russia
1932	Lillehammer, Norway
1948	Lake Placid, USA
1956	St. Moritz, Switzerland
1964	Nagano, Japan
2018	Innsbruck Austria
1968	Cortina d'Ampezzo, Italy
1994	St. Moritz Switzerland
1976	Pyeongchang, South Korea

Puzzle #13
COUNTRY MATCH

Kristi Yamaguchi	South Korea
Katarina Witt	Canada
Tanith Belbin	USA
Johnny Weir	Canada
Dorothy Hamill	USA
Ashley Wagner	USA
Kiira Korpi	Canada
Tessa Virtue	Germany
Kim Yuna	USA
John Curry	England
Rudy Galindo	USA
Alissa Czisny	Finland

Puzzle #14
US WOMEN SKATERS

Bradie	Tennell
Karen	Lipinski
Mirai	Wagner
Michelle	Yamaguchi
Ashley	Gold
Mariah	Chock
Gracie	Bell
Tara	Chen
Madsison	Hubbell
Madison	Nagasu
Kristi	Glenn
Amber	Kwan

Puzzle #15
COUNTRY MATCH

Tara Lipinski	USA
Scott Moir	Canada
Evan Lysacek	France
Vanessa Crone	Italy
Sandra Bezic	USA
Amanda Evora	USA
Danielle O'Brien	Australia
Federica Faiella	Canada
Nathalie Pechalat	Italy
Cathy Reed	Japan
Anna Cappellini	Canada
Marissa Castelli	USA

Puzzle #16
FIGURE SKATING GREATS

Brian   Button

Kurt   Hamilton

Richard   Boitano

Patrick   Grafström

John   Chan

Artur   Browning

Peggy   Dmitriev

Gillis   Fleming

Dorothy   Hanyu

Scott   Hamill

Yuzuru   Curry

WORD SCRAMBLE

WORD SCRAMBLE

10 WINTER OLYMPIC COUNTRIES

RLZSDIENWTA　　　　_ _ _ _ _ _ _ _ _ _ _

APAJN　　　　_ _ _ _ _

USSARI　　　　_ _ _ _ _ _

NUDITE TETASS　　　　_ _ _ _ _ _ _ _ _ _ _

LATIY　　　　_ _ _ _ _

TUARIAS　　　　_ _ _ _ _ _ _

HTSOU REKAO　　　　_ _ _ _ _ _ _ _ _ _ _

ARFECN　　　　_ _ _ _ _ _

AWYNRO　　　　_ _ _ _ _ _

IURTSAA　　　　_ _ _ _ _ _ _

WORD SCRAMBLE

FAMOUS US FIGURE SKATERS

IBRNA TIABNOO   _ _ _ _ _   _ _ _ _ _ _

TOOHDRY IMHALL   _ _ _ _ _ _ _   _ _ _ _ _ _

COTST ILHOMNTA   _ _ _ _ _   _ _ _ _ _ _ _

OACLR SESHI   _ _ _ _ _   _ _ _ _ _

ANJOS IHNEE   _ _ _ _ _   _ _ _ _ _

LEMIECLH AWNK   _ _ _ _ _ _ _ _   _ _ _ _

AKTRIAAN ITWT   _ _ _ _ _ _ _ _   _ _ _ _

CRLIUH LSHCAOW   _ _ _ _ _ _   _ _ _ _ _ _ _

YEPGG GMNELIF   _ _ _ _ _   _ _ _ _ _ _ _

WORD SCRAMBLE

FIGURE SKATING TERMS

EOVOCRSRSS

_ _ _ _ _ _ _ _ _ _

ALEMC PINS

_ _ _ _ _ _ _ _ _

NYUNB OPH

_ _ _ _ _ _ _ _

EALX PMJU

_ _ _ _ _ _ _ _

WOHAMK

_ _ _ _ _ _

AWCOHLS

_ _ _ _ _ _ _

OOTSH ETH KDCU

_ _ _ _ _ _ _ _ _ _ _ _

ZSLZESIW

_ _ _ _ _ _ _ _

NLUEG

_ _ _ _ _

TLZU

_ _ _ _

FAMOUS US FIGURE SKATERS

NABRI ONBATOI

_ _ _ _ _   _ _ _ _ _ _

OTRDOHY LMIHAL

_ _ _ _ _ _ _   _ _ _ _ _

COTTS INHOMALT

_ _ _ _ _   _ _ _ _ _ _ _

EYGPG LIFGNEM

_ _ _ _ _   _ _ _ _ _ _ _

KDIC TTBOUN

_ _ _ _   _ _ _ _ _ _

AYNCN GRKIERAN

_ _ _ _ _   _ _ _ _ _ _ _

MTI DWOO

_ _ _   _ _ _ _

LEMELHIC ANWK

_ _ _ _ _ _ _ _   _ _ _ _

ARTA KPLINIIS

_ _ _ _   _ _ _ _ _ _ _

WORD SCRAMBLE

FIGURE SKATING TERMS

EZTWSILZ

_ _ _ _ _ _ _ _

PLOO MPUJ

_ _ _ _ _ _ _ _ _

PCISBNAK

_ _ _ _ _ _ _ _

ETO PLOO

_ _ _ _ _ _ _ _

ATDEH RASLIP

_ _ _ _ _ _ _ _ _ _ _

IILPNNFGSY

_ _ _ _ _ _ _ _ _ _

PIFL PJUM

_ _ _ _ _ _ _ _ _

RFOARWD PNSI

_ _ _ _ _ _ _ _ _ _ _

ERABINAU

_ _ _ _ _ _ _ _

CABAKYL

_ _ _ _ _ _ _

Puzzle #6

FAMOUS FEMALE FIGURE SKATERS

YRDHOTO ILLHMA   _ _ _ _ _ _ _   _ _ _ _ _ _

AONJS NEEIH   _ _ _ _ _   _ _ _ _ _

TRNKAIAA TWIT   _ _ _ _ _ _ _ _   _ _ _ _

ROALC SHSEI   _ _ _ _ _   _ _ _ _ _

ICLELEHM WKNA   _ _ _ _ _ _ _ _   _ _ _ _

GGEPY MNFLGIE   _ _ _ _ _   _ _ _ _ _ _ _

EGAMD YESSR   _ _ _ _ _   _ _ _ _ _

ELYENT THRGIBLA   _ _ _ _ _ _   _ _ _ _ _ _ _ _

ATRA NPKILISI   _ _ _ _   _ _ _ _ _ _ _ _

ACYNN EGKRNAIR   _ _ _ _ _   _ _ _ _ _ _ _ _

FIGURE SKATING TERMS

ERETH RUTN   _ _ _ _ _ _ _ _ _

DESOUIT DEEG   _ _ _ _ _ _ _ _ _ _ _

EAPNKAC   _ _ _ _ _ _ _

LEPAR NPSI   _ _ _ _ _ _ _ _ _

GORRMPA   _ _ _ _ _ _ _

URAEPQUDL MUPJ   _ _ _ _ _ _ _ _ _ _ _ _ _

ETO CIPK   _ _ _ _ _ _ _

LHCSAOW   _ _ _ _ _ _ _

TISPL   _ _ _ _ _

PLSIT PUMJ   _ _ _ _ _ _ _ _ _

Puzzle #8

FIGURE SKATE ANATOMY

CTBYAKAS   _ _ _ _ _ _ _ _

KOHO   _ _ _ _

TOOB   _ _ _ _

LEEH   _ _ _ _

NTSOICNAH   _ _ _ _ _ _ _ _ _

GDEE   _ _ _ _

EDABL   _ _ _ _ _

ITOCKEP   _ _ _ _ _ _ _

LTYEEE   _ _ _ _ _ _

CLAE   _ _ _ _

EGTUNO   _ _ _ _ _ _

KOCERR   _ _ _ _ _ _

WORD SCRAMBLE

Puzzle #9

FIGURE SKATING TERMS

EADRSP LEGEA   _ _ _ _ _ _ _ _ _ _ _

OGNTIRSK   _ _ _ _ _ _ _ _

ERLPTI MPUJ   _ _ _ _ _ _ _ _ _ _

LWTAZ PMJU   _ _ _ _ _ _ _ _ _

Y PSNI   _ _ _ _ _

UYNA NPSI   _ _ _ _ _ _ _ _

KEOCHY ILGED   _ _ _ _ _ _ _ _ _ _ _

LITEPR XELA   _ _ _ _ _ _ _ _ _ _

ZTAWL MUJP   _ _ _ _ _ _ _ _ _

ETO KCPI   _ _ _ _ _ _ _

WORD SCRAMBLE

WINTER OLYMPICS

EFIRUG TIAGKSN   _ _ _ _ _ _   _ _ _ _ _ _

EIC KHECYO   _ _ _   _ _ _ _ _ _

DBELBSO   _ _ _ _ _ _ _

IIKGNS   _ _ _ _ _ _

GOIDOBSNRWNA   _ _ _ _ _ _ _ _ _ _ _

RSCSO ROCUNTY   _ _ _ _ _   _ _ _ _ _ _ _

EREESFTYL   _ _ _ _ _ _ _ _ _

RCINGLU   _ _ _ _ _ _ _

ELGU   _ _ _ _

EGSSPDKNAEIT   _ _ _ _ _ _ _ _ _ _ _ _

52

TRIVIA

Figure Skating Trivia Questions

1. Before metal, what other material was used to skate on ice?

2. When was Ice Dancing Introduced to the Winter Olympics?

3. How many rotations are made in a Quadruple Axel?

4. What male skater from Canada retired from figure skating after three Olympic appearances only to move into Martial Arts?

5. In 1994, Tonya Harding was allegedly involved in the attack on what fellow female figure skater?

6. The World Figure Skating Championships began in 1896. In which city did the first contest take place?

7. What is another name for the Bunny Hop?

8. This Norwegian female skater was the first to win three Olympic gold medals in a row. She made quite a few movies as well. Who is she?

9. There are three major categories of moves for figure skating. What are they?

10. In which jump do you take off forward and spin around three and a half times?

Figure Skating Trivia Questions

11. Who was the first female to land a triple axle in competition?

12. Who was the first person to land a triple axle in competition?

13. What figure skating jump takes off forward, and rotates one and a half revolutions before landing backwards?

14. In what country did Michelle Kwan win her first World Championship?

15. How long should the long program be, for females?

16. Who was the female lead in the 1992 film 'The Cutting Edge?'

17. Invented by a Swedish skater, the skater swings into the air off the inside edge of the blade. Which jump is this?

18. Oksana Baiul hails from what European country?

19. This skater broke Sonja Henie's record of being the youngest female skater to win an Olympic gold medal. Who is she?

20. How many revolutions are performed while doing a double Axel jump?

Figure Skating Trivia Questions

21. Who was the first skater to land a quadruple jump?

22. She suffered the loss of her mother and was adopted into the coach of another Olympic Champion's home. She skated a memorable program to the ballet 'Swan Lake' (short program) at the 1994 Olympic games. Who is she?

23. Where were the 1988 Winter Olympics held?

24. Is a flying camel a spin or a jump?

25. In London, women skated at the Prince's Skating club. Besides long skirts, the women also had to wear _____ ?

26. How long should the compulsory be?

27. Where did World Champion figure skater, Michelle Kwan grow up?

28. How many revolutions are needed to be considered, by judges, as a completed spin?

29. Who invented the ice show Stars On Ice?

30. What is the most basic jump?

Figure Skating Trivia Questions

31. Who was the youngest woman to ever win an Olympic gold medal?

32. When the first woman entered the competition she had to compete against the men. In which year did the competition split into two: mens' and ladies'?

33. When a skater spins on one straight leg with the body perpendicular to the leg, and the other leg on the same plane as the body, what spin is it?

34. The most Olympic medals ever won by a female figure skater in Olympic history?

35. Where is Sonja Henie from?

36. How many world championships did Scott Hamilton (US) win?

37. Who was the first person to perform a double Axel in competition?

38. What is the name of the person who helps a skater with their artistry?

39. How old was skater Dick Button when he won the U.S. Championships in 1946?

40. Where was John Curry born?

Figure Skating Trivia Questions

41.   How many World Championship medals in total did Sonja Henie win?

42.   List the sites of the last 6 Winter Olympics of the 20th century, in order starting with the earliest.

43.   Who was the first woman performing a backflip on the ice?

44. Who was the first skater, man or woman, to ever land a triple loop-triple loop combination?

45. What are the two different programs that are skated by men skaters, women skaters, pairs skaters and precision teams?

46. The Axel jump takes its name from its creator. Who was he?

47.   Where were the first World Figure Skating Championships held?

48. What year was the Zamboni invented?

49. What spin do women perform more than men do in international competition?

50. What was the highest score that could be received in an amateur skating competition until 2005?

CRYPTO GRAMS

Instructions:

Cryptograms can be challenging but that's the whole fun of it! Here's how it works and how to solve a cryptogram.

Each letter stands for another letter. Your job in breaking the code is to find out what these letters represent. Each puzzle is given one clue to start. Good Luck!

ADVICE:

The most common letters in the English language are E, T, A, O, N, S, and I. See what's the most repeating letters in the cyptogram and test out these letters first.

Try to solve short words first. Solving the shorter and more easier words will give you more letter clues for the more difficult.

Here are your clues for each puzzle!

1: S=I
2: H=A
3: O=R
4: H=E
5: O=T
6: U=I
7: H=A
8: U=E
9: B=E
10: T=H

11: T=A
12: P=E
13: Z=A
14: C=T
15: M=O
16: N=A
17: T=E
18: Y=R
19: K=E
20: X=T

You can find these double letters in the following puzzles:

1. CC, SS
4. EE
8. OO, NN
9. LL
11. NN
13. EE
14. EE
15. EE
16. LL
18. EE
20. TT

1.

WFBBPWW SW MKSIM TZKD TESRFZP JK TESRFZP

QSJCKFJ RKWW KT PIJCFWSEWD.

. . . .

2.

XBP VOBD XBP HTA H RMIPTA WVHKAT DNAO XBP

MUHIMOA WVHKMOI KB KNMW WBOI.

. . . .

3.

IBRBO LIJBOBCNTQVNB V KTOU PMZ XTKLOB

CHVNBC.

. . . .

4.

UHHX WFDO FCQ IY BWH VUFPBCI.

. . . .

5.

YO CLAI SLO QAO AXIYAF, KLV MVIO QAO IOFLSQAF.

. . . .

6.

UX YS OQGCR U WGX XGR IVKIA U EVIA.

. . . .

7.

XATD R HI MD WAT RZT, R HI HW AMIT.

. . . .

8.

ZU VX OXXL YTUW MJFFXY DOFXBU WXC.

. . . .

9.

CS SCVZOB XMWLCTV YWX BWXG LNBG YFZHR QWHH

CL NFQMBG.

. . . .

10.

W BPJTIB KI YX JTI WAI.

. . . .

11.

MU M NTIIQK PGTL HE UMCBLG VATKGV, M TH

IQK CQMIC.

. . . .

12.

SOPT VT RGHEC, IXBCP VC GHC!

. . . .

13.

VZH. ABVVE. ANZHV.   DVEVZH.

. . . .

14.

SIRSQI FANIJIMCUOBCI CDI MCJIAYCD BAN

NICIJOUABCURA AIININ CR LI B ZUYFJI MVBCIJ.

. . . .

15.

QCP MYBV HGSO MW CPPBZ S MJY GOP QCP MYPZ MY KV

ZFGQPZ.

. . . .

16.

T QABX. T FXTM. FYBRCTBRF T JNEE. ZDRM

T UY, T PRC AX NMU CIV NPNTM. T NB N

JTPAIR FLNCRI.

. . . .

17.

QD DVU UMTAT SCO LT   SZSKXCQ!

....

18.

EJY KAAG QYA BPA DEJMR, DJG EJY NAQYGC NQWA

LBMHC.

....

19.

RCXK CU LZK ICW.

....

20.

UV LBXXMI JVO YBT VW B TBC CVG JBZM JBT,

FABXQUS LBAMF QX BEE YMXXMI.

....

ANSWERS

2022 OLYMPICS - ICE DANCERS
Puzzle # 1

```
      P       S           K C E I D
      R   O   ø               R
E   N T O   T   R             E
I     A U A E     E     T V R
O     S S I   L V L   N U I E
J   I C   D   X O O R S   Y L
A   K H   E   S K K   E A L
L C A L R   B K é A     N ü
  I D E   E Y I A   N Z       M
S Z A R     L   R   é A
E E P O   A   H D   A   C K
L R A V       C U   G   A
L O P á   F E A R S A       L
I N   P O I R I E R A E
G     L A G H A       T B
```

2022 OLYMPICS FIGURE SKATING WOMEN 1
Puzzle # 2

```
            E B A W A K A
                      A
S   V A L I E V A   V S       L
H   S A K A M O T O H     I
C             S A       U D
H       B   U B   P     R Y
E       E   R O K A   å E   Y
R     L   T T U G   G L   Z O
B   L     O R A   E I   U     U
A       V A N   J M   N       N
K     A K I   L N   D         G
O     O N   A     E
V   V I   T     R   H
A A         T       C
```

2022 OLYMPICS FIGURE SKATING WOMEN 2
Puzzle # 3

```
    X   S           M H B
    K G C         C I R
    C U H       K G E   S
    I T O     A U Z M K A
S   R M T   Y C I I I   A R
C   D A T   H N K I     R Y
H   N N   I O U B G     I A
I   E N   V T U U       N B
Z   H   á I S B         E O
A       N   A           N V
S       A   N             A
        O S A F O N O V A
        V
    A       C R A I N E
```

2022 OLYMPIC US TEAM
Puzzle # 4

```
        B K
        N R N         Z
      E     O I       H           S
    H   E K   W E         O F E
  C     C U     N R       R U T
      O     H       I A       A
    H       O     Z M           B
H C         N I
A B     L     E O     H
W E     E     R     D U
A L   D C A I N G R I B B L E
Y L U           E   B
E C             K   E
K     N E H C     A L
      L I U       B L
```

Puzzle #5

		S	H	M	U	R	A	T	K	O	V		
											A		
			Z	H	O	U					S		
											I		
N											L		
W		S	I	H	Y	E	O	N	G		J		
O		K	O	N	D	R	A	T	I	U	K	E	
R				V	J						V		
B				E	U						S		
	K	A	G	I	Y	A	M	A	L	N			
								A	H				
	C	H	E	N					Z	W			
	O	L	L	I	R	R	A	C	U		O	A	
	I	G	H	C	S	T	I	R	B	N		M	N
										O			

Puzzle #6

K			K										
E		F	V			S	E	L	E	V	K	O	
R		E	I			V	S	I	A	O			
R		N	T			O							
Y		T	E			K			H	L			
		Z	L	L		U			A	I			
	G		A	S		Y		S	N	T			
	N	A	S	S		L		A	Y	V		B	
	I	Y	H	A		I	O	D	U	I	B	R	
	S	M	V	R		M	Z	O		N	O	E	
	S	O	I	G			Z	V		T	Y	Z	
	E	Z	L			I	S		S	A	I		
	M		I			R	K		E	N	N		
B	Y	C	H	E	N	K	O		Y		V	G	A

OLYMPIC WINTER GAMES
Puzzle # 1

GOLD MEDALISTS WOMENS SINGLES
Puzzle # 2

FAMOUS US SKATERS MEN
Puzzle # 3

GOLD MEDALISTS MENS SINGLES
Puzzle # 4

OLYMPIC WINTER GAMES LOCATIONS
Puzzle # 5

FIGURE SKATING GREATS
Puzzle # 6

FIGURE SKATING TERMS
Puzzle # 7

HOCKEY RINK TERMS
Puzzle # 8

FIGURE SKATING TERMS
Puzzle # 9

FIGURE SKATING TERMS
Puzzle # 10

FIGURE SKATING GEAR
Puzzle # 11

ANATOMY OF THE FIGURE SKATE
Puzzle # 12

FAMOUS US WOMEN SKATERS
Puzzle # 13

FIGURE SKATING TERMS
Puzzle # 14

FIGURE SKATING JUMPS
Puzzle # 15

FIGURE SKATING HISTORIC FIGURE
Puzzle # 16

TOP OLYMPIC COUNTRIES IN FIGUR
Puzzle # 17

FIGURE SKATING TERMS
Puzzle # 18

FAMOUS US FIGURE SKATERS
Puzzle # 19

FIGURE SKATE BRANDS
Puzzle # 20

11

Puzzle #1
US MEN SKATERS

Adam   =   Rippon

Todd   =   Eldredge

Nathan   =   Chen

Jason   =   Brown

Charlie   =   White

Paul   =   Wylie

Rudy   =   Galindo

Brandon   =   Mroz

Charlie   =   Tickner

Ross   =   Miner

Max   =   Aaron

Vincent   =   Zhou

Puzzle #2
US MEN SKATERS

Brian	=	Boitano
Dick	=	Button
Paul	=	Wylie
Evan	=	Lysacek
Jeremy	=	Abbott
Christopher	=	Bowman
Tim	=	Wood
Scott	=	Hamilton
Terry	=	Kubicka
Johnny	=	Weir
Mark	=	Mitchell
Jeremy	=	Abbott

Puzzle #3
COUNTRY MATCH

Nancy Kerrigan   =   USA

John Kerr   =   Scotland

Sarah Meier Laura   =   Swiss

Lepisto Brian   =   Finland

Boitano   =   USA

Kaetlyn Osmond   =   Canada

Gracie Gold   =   USA

Yulia Lipnitskaya   =   Russia

Haruko Okamo   =   Japan

Paul Poirier   =   Canada

Benjamin Agosto   =   USA

Chris Reed   =   Japan

Puzzle #4
FIGURE SKATING GREATS

Carol	=	Heiss
Sonja	=	Henie
Michelle	=	Kwan
Evgenia	=	Medvedeva
Evgeni	=	Plushenko
Irina	=	Rodnina
Ulrich	=	Salchow
Aljona	=	Savchenko
Karl	=	Schäfer
Katarina	=	Witt
Kristi	=	Yamaguchi

Puzzle #5
COUNTRY MATCH

Brian Pockar   =   Canada

Scott Hamilton   =   USA

Toller Cranstom   =   Canada

Michelle Kwan   =   USA

Peggy Fleming   =   USA

Lynn Holly Johnson   =   USA

Valentina Marchei   =   Italy

Kevin Macedo Alves   =   Brazil

Mark Webster   =   Australia

Sonja Henie   =   Norway

Sarah Hughes   =   USA

Vera Ralston   =   Czech

Puzzle #6
US MEN SKATERS

Matthew	=	Savoie
Scott	=	Davis
Mark	=	Cockerell
Joshua	=	Farris
David	=	Santee
Scott	=	Hamilton
Brian	=	Boitano
Jason	=	Brown
Charlie	=	White
Paul	=	Wylie
Terry	=	Kubicka
Johnny	=	Weir

Puzzle #7
FAMOUS FIGURE SKATING PAIRS

Madge Syers   =   Edgar Syers

Barbara Wagner   =   Robert Paul

Ludmila Belousiova   =   Oleg Protopopov

Irina Rodnina   =   Alexei Ulanov

Tai Babilonia   =   Randy Gardner

Kitty Carruthers   =   Peter Carruthers

Ekaterina Gordeeva   =   Sergei Grinkov

Jamie Salé   =   David Pelletier

Shen Xue   =   Zhao Hongbo

Aliona Savchenko   =   Robin Szolkowy

Puzzle #8
US WOMEN SKATERS

Peggy	=	Fleming
Nancy	=	Kerrigan
Dorothy	=	Hamill
Tonya	=	Harding
Sarah	=	Hughes
Sasha	=	Cohen
Starr	=	Andrews
Maia	=	Shibutani
Debi	=	Thomas
Carol	=	Heiss
Audrey	=	Shin
Tenley	=	Albright

Puzzle #9
WINTER OLYMPIC GAMES LOCATIONS

1984 = Sarajevo, Yugoslavia

1988 = Calgary, Canada

1992 = Albertville, France

2002 = Nagano, Japan

2006 = Turin, Italy

1936 = Garmisch-Partenkirchen, Germany

1960 = Squaw Valley, USA

1952 = Oslo, Norway

1972 = Sapporo, Japan

1924 = Chamonix, France

2002 = Salt Lake City, USA

2010 = Vancouver, Canada

Puzzle #10

MATCH THE MEDAL WITH THE SKATER

Dick Button	=	Gold
Dorothy Hamill	=	Gold
Nancy Kerrigan	=	Silver
Michell Kwan	=	Silver
Debi Thomas	=	Bronze
Chen Lu	=	Bronze
Sasha Cohen	=	Silver
Carol Heiss	=	Gold
Timothy Goebel	=	Bronze
Elvis Stojko	=	Silver
LLia Kulik	=	Gold
Yuzuru Hanyu	=	Gold

Puzzle #11
US WOMEN SKATERS

Polina   =   Edmunds

Meryl   =   Davis

Kimmie   =   Meissner

Janet   =   Lynn

Tarah   =   Kayne

Theresa   =   Weld

Tiffany   =   Chin

Maribel   =   Vinson

Linda   =   Fratianne

Haven   =   Denney

Courtney   =   Hicks

Puzzle #12
WINTER OLYMPIC GAMES LOCATIONS

1928 = St. Moritz, Switzerland

1998 = Nagano, Japan

2014 = Sochi, Russia

1980 = Lake Placid, USA

1932 = Lake Placid, USA

1948 = St. Moritz, Switzerland

1956 = Cortina d' Ampezzo, Italy

1964 = Innsbruck, Austria

2018 = Pyeongchang, South Korea

1968 = Grenoble, France

1994 = Lillehammer, Norway

1976 = Innsbruck, Austria

Puzzle #13
COUNTRY MATCH

Kristi Yamaguchi = USA

Katarina Witt = Germany

Tanith Belbin = Canada

Johnny Weir = USA

Dorothy Hamill = USA

Ashley Wagner = USA

Kiira Korpi = Finland

Tessa Virtue = Canada

Kim Yuna = South Korea

John Curry = England

Rudy Galindo = USA

Alissa Czisny = Canada

Puzzle #14
US WOMEN SKATERS

Bradie   =   Tennell

Karen   =   Chen

Mirai   =   Nagasu

Michelle   =   Kwan

Ashley   =   Wagner

Mariah   =   Bell

Gracie   =   Gold

Tara   =   Lipinski

Madsison   =   Hubbell

Madison   =   Chock

Kristi   =   Yamaguchi

Amber   =   Glenn

Puzzle #15
COUNTRY MATCH

Tara Lipinski = USA

Scott Moir = Canada

Evan Lysacek = USA

Vanessa Crone = Canada

Sandra Bezic = Canada

Amanda Evora = USA

Danielle O'Brien = Australia

Federica Faiella = Italy

Nathalie Pechalat = France

Cathy Reed = Japan

Anna Cappellini = Italy

Marissa Castelli = USA

Puzzle #16
FIGURE SKATING GREATS

Brian	=	Boitano
Kurt	=	Browning
Richard	=	Button
Patrick	=	Chan
John	=	Curry
Artur	=	Dmitriev
Peggy	=	Fleming
Gillis	=	Grafström
Dorothy	=	Hamill
Scott	=	Hamilton
Yuzuru	=	Hanyu

Puzzle #1
10 WINTER OLYMPIC COUNTRIES

RLZSDIENWTA   =   SWITZERLAND

APAJN   =   JAPAN

USSARI   =   RUSSIA

NUDITE TETASS   =   UNITED STATES

LATIY   =   ITALY

TUARIAS   =   AUSTRIA

HTSOU REKAO   =   SOUTH KOREA

ARFECN   =   FRANCE

AWYNRO   =   NORWAY

IURTSAA   =   AUSTRIA

Puzzle #2

FAMOUS US FIGURE SKATERS

IBRNA TIABNOO   =   BRIAN BOITANO

TOOHDRY IMHALL   =   DOROTHY HAMILL

COTST ILHOMNTA   =   SCOTT HAMILTON

OACLR SESHI   =   CAROL HEISS

ANJOS IHNEE   =   SONJA HENIE

LEMIECLH AWNK   =   MICHELLE KWAN

AKTRIAAN ITWT   =   KATARINA WITT

IKTRIS UCAIAMHYG   =   Kristi Yamaguchi

CRLIUH LSHCAOW   =   ULRICH SALCHOW

YEPGG GMNELIF   =   PEGGY FLEMING

Puzzle #3

FIGURE SKATING TERMS

EOVOCRSRSS	=	CROSSOVERS
ALEMC PINS	=	CAMEL SPIN
NYUNB OPH	=	BUNNY HOP
EALX PMJU	=	AXEL JUMP
WOHAMK	=	MOHAWK
AWCOHLS	=	SALCHOW
OOTSH ETH KDCU	=	SHOOT THE DUCK
ZSLZESIW	=	SWIZZLES
NLUEG	=	LUNGE
TLZU	=	LUTZ

Puzzle #4

FAMOUS US FIGURE SKATERS

NABRI ONBATOI   =   BRIAN BOITANO

OTRDOHY LMIHAL   =   DOROTHY HAMILL

COTTS INHOMALT   =   SCOTT HAMILTON

EYGPG LIFGNEM   =   PEGGY FLEMING

KDIC TTBOUN   =   DICK BUTTON

AYNCN GRKIERAN   =   NANCY KERRIGAN

MTI DWOO   =   TIM WOOD

LEMELHIC ANWK   =   MICHELLE KWAN

ARTA KPLINIIS   =   TARA LIPINSKI

TISKIR IUGACMAHY =   Kristi Yamaguchi

Puzzle #5

FIGURE SKATING TERMS

EZTWSILZ   =   TWIZZLES

PLOO MPUJ   =   LOOP JUMP

PCISBNAK   =   BACKSPIN

ETO PLOO   =   TOE LOOP

ATDEH RASLIP   =   DEATH SPIRAL

IILPNNFGSY   =   FLYINGSPIN

PIFL PJUM   =   FLIP JUMP

RFOARWD PNSI   =   FORWARD SPIN

ERABINAU   =   INABAUER

CABAKYL   =   LAYBACK

Puzzle #6

FAMOUS FEMALE FIGURE SKATERS

YRDHOTO ILLHMA = DOROTHY HAMILL

AONJS NEEIH = SONJA HENIE

TRNKAIAA TWIT = KATARINA WITT

ROALC SHSEI = CAROL HEISS

ICLELEHM WKNA = MICHELLE KWAN

GGEPY MNFLGIE = PEGGY FLEMING

EGAMD YESSR = MADGE SYERS

ELYENT THRGIBLA = TENLEY ALBRIGHT

ATRA NPKILISI = TARA LIPINSKI

ACYNN EGKRNAIR = NANCY KERRIGAN

FIGURE SKATING TERMS

ERETH RUTN	=	THREE TURN
DESOUIT DEEG	=	OUTSIDE EDGE
EAPNKAC	=	PANCAKE
LEPAR NPSI	=	PEARL SPIN
GORRMPA	=	PROGRAM
URAEPQUDL MUPJ	=	QUADRUPLE JUMP
ETO CIPK	=	TOE PICK
LHCSAOW	=	SALCHOW
TISPL	=	SPLIT
PLSIT PUMJ	=	SPLIT JUMP

Puzzle #8
FIGURE SKATE ANATOMY

CTBYAKAS = BACKSTAY

KOHO = HOOK

TOOB = BOOT

LEEH = HEEL

NTSOICNAH = STANCHION

GDEE = EDGE

EDABL = BLADE

ITOCKEP = TOEPICK

LTYEEE = EYELET

CLAE = LACE

EGTUNO = TONGUE

KOCERR = ROCKER

Puzzle #9

FIGURE SKATING TERMS

EADRSP LEGEA   =   SPREAD EAGLE

OGNTIRSK   =   STROKING

ERLPTI MPUJ   =   TRIPLE JUMP

LWTAZ PMJU   =   WALTZ JUMP

Y PSNI   =   Y SPIN

UYNA NPSI   =   YUNA SPIN

KEOCHY ILGED   =   HOCKEY GLIDE

LITEPR XELA   =   TRIPLE AXEL

ZTAWL MUJP   =   WALTZ JUMP

ETO KCPI   =   TOE PICK

Puzzle #10
WINTER OLYMPICS

EFIRUG TIAGKSN	=	FIGURE SKATING
EIC KHECYO	=	ICE HOCKEY
DBELBSO	=	BOBSLED
IIKGNS	=	SKIING
GOIDOBSNRWNA	=	SNOWBOARDING
RSCSO ROCUNTY	=	CROSS COUNTRY
EREESFTYL	=	FREESTYLE
RCINGLU	=	CURLING
ELGU	=	LUGE
EGSSPDKNAEIT	=	SPEEDSKATING

Figure Skating Trivia Answers

1. Bone. Long before metal, bones were used to glide across ice. Metal blades didn't arrive until the 13th century.
2. 1976
3. 4 and a half
4. Elvis Stojko
5. Nancy Kerrigan
6. St. Petersburg
7: The Power Jump
8: Sonja Henie
9. Jumps, spins and field movements
10. Triple axel
11. Midori Ito. Tonya Harding was the first American female.
12. Vern Taylor
13. Axel
14. Canada
15. 4 minutes
16. Moira Kelly
17. Salchow
18. Ukraine
19. Tara Lipinski
20. 2 and a half
21. Kurt Browning
22. Oksana Baiull
23. Calgary, Canada
24. A spin
25. A hat

Figure Skating Trivia Answers

26. 2.5 minutes
27. Southern California
28. 6 or more
29. Scott Hamilton
30. The Waltz Jump
31. Tara Lipinski
32. 1906
33. Camel
34. 3 Norway's Sonja Henie won in 1928, 1932, and 1936.
35. Norway
36. 4 (1981-1984)
37. Dick Button
38. Choreographer
39. 16
40. Great Britain
41. 11 (She won 10 golds and one silver)
42. Lake Placid, Sarajevo, Calgary, Albertville, Lillehammer, Nagano
43. Surya Bonaly
44. Tara Lipinski
45. The short program and freeskate
46. Axel Paulsen
47. St. Petersburg, Russia
48. 1939
49. Layback
50. 6 (the point system changed to a 100-point system in 2005)

1. Success is going from failure to failure without loss of enthusiasm.

2. You know you are a figure skater when you imagine skating to this song.

3. Never underestimate a girl who figure skates.

4. Keep calm and go ice skating.

5. It does not get easier, you just get stronger.

6. In my sport I do not excel I axel.

7. When I am on the Ice, I am at Home.

8. Be so good they cannot ignore you.

9. If figure skating was easy they would call it hockey.

10. I rather be on the ice.

11. If I cannot wear my figure skates, I am not going.

12. When in Doubt, Skate it Out!

13. Eat. Sleep. Skate. Repeat.

14. People underestimate the strength and determination needed to be a figure skater.

15. The only pair of heels I own are the ones on my skates.

16. I jump. I spin. Sometimes I fall. When I do, I get up and try again. I am a figure skater.

17. Go out there and be amazing!

18. Our feet are ice bound, but our hearts have wings.

19. Have an Ice Day.

20. No matter how bad of a day you have had, skating makes it all better.

OTHER BOOKS AVAILABLE!

Please go to:
piggybackpress.com

FOR MORE

Figure Skating Journal

Do you need to keep track of your weekly goals and your progress? It's important to make your goals as specific as possible. This Figure Skating Journal allows you to do just that. It not only gives you an organized way to keep note of your daily and weekly progress, but it is also an important planner that keeps note of important aspects of the figure skating life.

Made in the USA
Las Vegas, NV
04 January 2023